十二生肖
AI 绘

万卷出版有限责任公司　编著　　Amber Design 琥珀视觉　绘

北方联合出版传媒(集团)股份有限公司
万卷出版有限责任公司

图书在版编目（CIP）数据

十二生肖 AI 绘 / 万卷出版有限责任公司编著；
Amber Design 琥珀视觉绘 . —— 沈阳：万卷出版有限责
任公司，2024. 9. —— ISBN 978-7-5470-6583-9

Ⅰ . K892.21-64

中国国家版本馆 CIP 数据核字第 2024WQ7859 号

出 品 人：王维良
出版发行：北方联合出版传媒（集团）股份有限公司
　　　　　万卷出版有限责任公司
　　　　　（地址：沈阳市和平区十一纬路 29 号　邮编：110003）
印 刷 者：辽宁新华印务有限公司
经 销 者：全国新华书店
幅面尺寸：180mm×255mm
字　　数：100 千字
印　　张：8.75
出版时间：2024 年 9 月第 1 版
印刷时间：2024 年 9 月第 1 次印刷
责任编辑：张洋洋
责任校对：张　莹
装帧设计：Amber Design 琥珀视觉 QQ:505487949
ISBN 978-7-5470-6583-9
定　　价：59.80 元
联系电话：024-23284090
传　　真：024-23284448

序 言

　　在时光的长河中，中国传统文化宛如璀璨的星辰，闪耀着智慧的光芒。十二生肖，作为其中的一颗明珠，承载着千年的历史沉淀和深厚的人文情感。

　　如今，呈现在我们面前的这本艺术画集，宛如一座跨越时空的桥梁，将古老文化与现代科技紧密相连。它是一次创新的尝试，也是一次深情的致敬。

　　传说中，玉皇大帝为了给人间定时间、给人类归属，决定在天庭中挑选十二种动物作为生肖。各种动物展开了激烈的竞争，最终鼠、牛、虎、兔、龙、蛇、马、羊、猴、鸡、狗、猪脱颖而出，成为十二生肖。

　　鼠，聪明机灵，善于应变，具有顽强的生命力。

　　牛，勤劳踏实，默默耕耘，象征着坚韧和毅力。

　　虎，威风凛凛，勇敢无畏，是力量的代表。

　　兔，温和善良，敏捷灵活，给人以温柔可爱的印象。

　　龙，神秘而威严，象征着尊贵和祥瑞。

　　蛇，智慧而机敏，具有独特的魅力。

　　马，奔放自由，勇往直前，充满活力与热情。

　　羊，温顺平和，象征着吉祥如意。

　　猴，聪明活泼，机智好动，富有创造力。

　　鸡，守时守信，勤奋努力，给生活带来规律和秩序。

　　狗，忠诚正直，是人类忠实的伙伴。

　　猪，憨厚老实，知足常乐，寓意着富足和安逸。

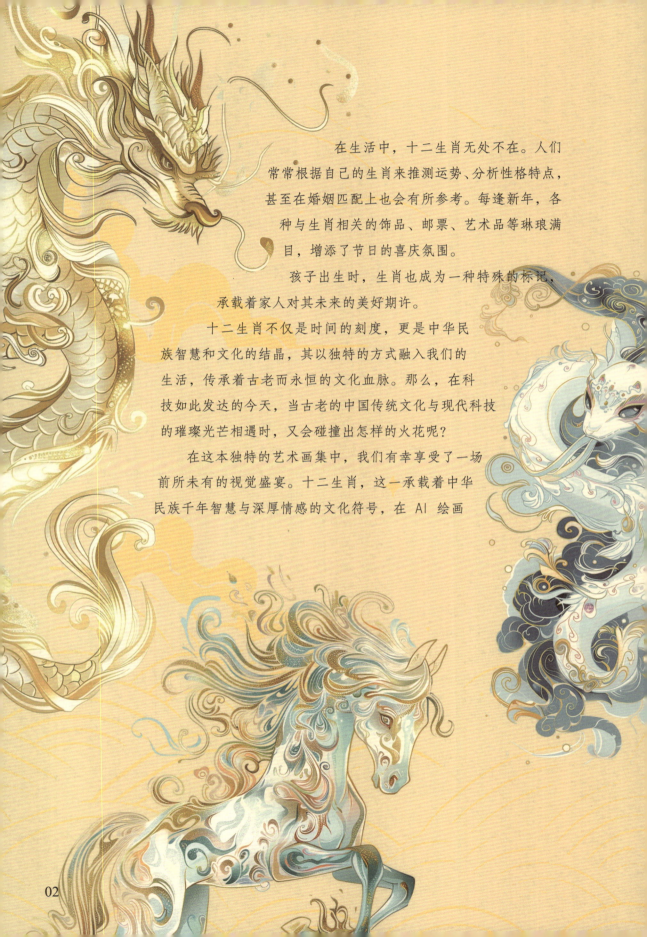

在生活中，十二生肖无处不在。人们常常根据自己的生肖来推测运势、分析性格特点，甚至在婚姻匹配上也会有所参考。每逢新年，各种与生肖相关的饰品、邮票、艺术品等琳琅满目，增添了节日的喜庆氛围。

孩子出生时，生肖也成为一种特殊的标记，承载着家人对其未来的美好期许。

十二生肖不仅是时间的刻度，更是中华民族智慧和文化的结晶，其以独特的方式融入我们的生活，传承着古老而永恒的文化血脉。那么，在科技如此发达的今天，当古老的中国传统文化与现代科技的璀璨光芒相遇时，又会碰撞出怎样的火花呢？

在这本独特的艺术画集中，我们有幸享受了一场前所未有的视觉盛宴。十二生肖，这一承载着中华民族千年智慧与深厚情感的文化符号，在 AI 绘画

技术的魔法下，焕发出令人惊叹的全新魅力。

　　AI之笔，如有神助，细腻入微地勾勒出每一个生肖的线条，精心调配出每一抹绚烂的色彩。威严的虎，不再仅仅是山林中的霸主，其目光中更蕴含着对生命的敬畏与守护；灵动的猴，那敏捷的身姿仿佛下一秒就要跃出纸面，展现出无尽的活泼与机智；温和的羊，其宁静的神态传递着祥和与温暖。每一个生肖，都不再是简单的形象，而是拥有了灵魂，拥有了故事……拥有了生命的跃动。

　　书中的五组画作，犹如五段华彩乐章，奏响了传统文化与现代科技和谐共鸣的交响曲。精致的细节是音符，丰富的色彩是旋律，独特的气质是节奏，共同演绎出生肖世界的丰富多彩。而伴随每组图画的少量文字，宛如点睛之笔，引领我们穿越岁月的长河，探寻生肖背后的寓意与文化内涵。它们是历史的回响，是智慧的传承，让我们在欣赏美的同时，也

能深深领悟到中华民族文化的源远流长与博大精深。

这本画集,不仅是对传统文化的致敬与传承,更是现代科技与艺术完美融合的典范。它打破了时间与空间的界限,让古老的生肖文化在现代社会中绽放出更加耀眼的光芒。愿每一位观者都能在这个充满奇幻与美妙的生肖世界中,找到属于自己的心灵慰藉与文化归属,领略到那无尽的魅力与风采。

让我们一同翻开这本画集,踏上这神奇的艺术之旅,感受传统与现代交织的绚烂华章。

目录
Contents

鼠

Mouse

在中国传统文化中，鼠象征着机灵与智慧。虽然鼠在现实中常被视为偷食粮食的小动物，但人们也赞赏其机智灵活，能在艰难环境中生存。传说中，鼠咬天开，其为天地的开辟做出了贡献，具有开创之功。在民间故事里，老鼠常以聪明狡黠的形象出现，如"老鼠嫁女"的故事，充满了诙谐趣味。在剪纸、年画等民间艺术中，鼠的形象常常被描绘得俏皮可爱，寓意着多子多福、吉祥如意。此外，属鼠的人被认为聪明伶俐、善于应变。

官仓老鼠大如斗，见人开仓亦不走。

——曹邺《官仓鼠》

耕犁千亩实千箱，力尽筋疲谁复伤？
但得众生皆得饱，不辞羸病卧残阳。
——李纲《病牛》

牛

自古以来，牛就是农耕社会的重要劳动力，它默默耕耘，无私奉献，为人们的生产生活提供了巨大的帮助。因此，牛被视为勤劳和刻苦的象征。在许多文化作品中，牛的形象常与勤劳、朴实的品质相关联。在一些少数民族的文化中，牛还具有神圣的地位，是力量与财富的象征。属牛的人通常被认为具有勤劳、坚韧、稳重的品质，值得信赖。

Cattle

牛

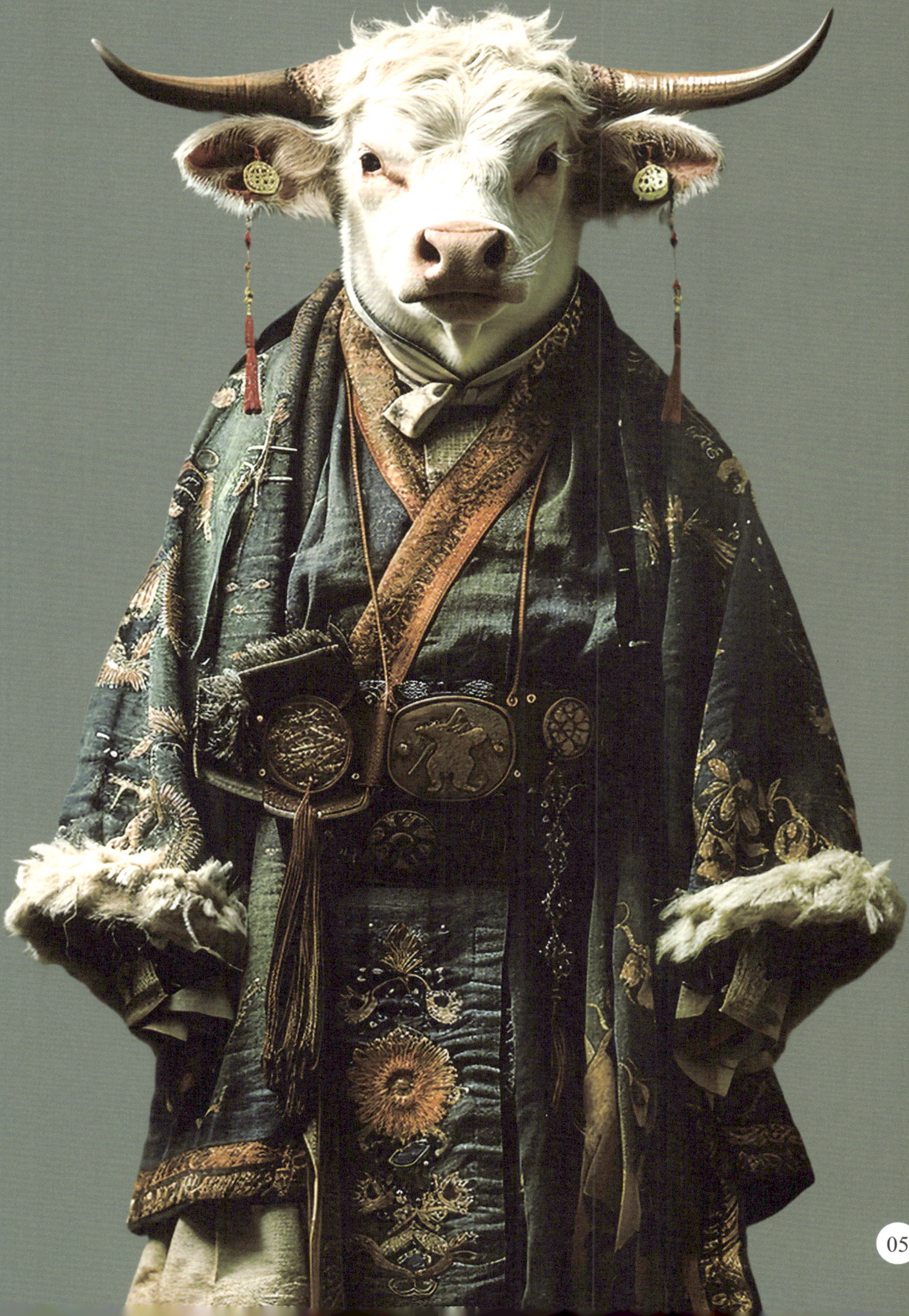

虎

虎
Tiger

在传统文化中，虎象征着权威、力量和勇敢。古代的将军常以虎符调兵遣将，展现其威严。虎的形象常被用于驱邪避灾，如虎头帽、虎头鞋等，寓意着保护儿童健康成长。在民间故事中，虎的英勇形象深入人心。属虎的人往往被认为具有勇敢、果断、自信的性格，富有领导才能和冒险精神。

南山北山树冥冥，猛虎白日绕林行。
——张籍《猛虎行》

兔走乌飞不相见，人事依稀速如电。

——庄南杰《伤歌行》

兔

Rabbit

玉兔是中国古代神话中居住在月宫中的仙兔，象征着纯洁和美好。兔子的形象通常给人一种温柔、可爱的感觉，代表着和平与安宁。在民间传说中，兔子是机智和幸运的象征。属兔的人一般被认为性格温和，心地善良，举止文雅，富有同情心。

龙

Chinese Dragon

　　龙被视为祥瑞、权力和尊贵的象征，能呼风唤雨，神通广大。皇帝被称为"真龙天子"，身着龙袍，以显示其至高无上的权威。在民间，每逢喜庆节日，人们常舞龙庆祝，祈求风调雨顺、吉祥如意。龙的形象也广泛出现在建筑、绘画、雕刻等艺术形式中，展现其威严和神秘。属龙的人常被认为具有雄心壮志，富有创造力和领袖气质。

斯须九重真龙出，一洗万古凡马空。
——杜甫《丹青引赠曹将军霸》

蛇在中国传统文化中具有复杂的象征意义。一方面，蛇被视为神秘、智慧和长寿的象征。在中国古代神话中，女娲和伏羲都是人首蛇身的形象，代表着生命的起源和繁衍。另一方面，蛇也代表着阴险和邪恶。属蛇的人通常被认为聪明、冷静，有洞察力。

蛇毒浓凝洞堂湿，江鱼不食衔沙立。
——李贺《罗浮山父与葛篇》

蛇
Snake

国风·华笺

蛇

13

14

马

Horse

　　马是古代重要的交通工具和战争伙伴，其勇往直前的形象深入人心。"千里马"常被用来比喻杰出的人才。在诗词歌赋中，马常被用来表达壮志豪情和奔放不羁的情感。属马的人往往被认为积极进取，热情奔放，富有活力。

马作的卢飞快，弓如霹雳弦惊。
——辛弃疾《破阵子·为陈同甫赋壮词以寄之》

羊

Sheep

斜阳照墟落，穷巷牛羊归。
——王维《渭川田家》

羊在中国传统文化中寓意着温和、善良和吉祥，"三阳（羊）开泰"是人们常用来祝福新年吉祥如意的词语。羊的形象常给人一种温顺、柔顺的感觉，代表着和谐与美好。在古代，羊也是祭祀活动中的重要祭品，以示对神灵的敬意和祈求福祉。属羊的人一般被认为性格温和，心地善良，富有亲和力。

国风·华笺

羊

猴
Monkey

沐猴而冠带，知小而谋强。
——曹操《薤露行》

　　猴在中国传统文化中代表着机智、灵活和顽皮。孙悟空是中国古典名著《西游记》中著名的猴子形象，其神通广大，智勇双全，深受人们喜爱。猴子的聪明伶俐常常成为民间故事和艺术作品的主题。属猴的人通常被认为头脑灵活、善于创新，富有幽默感。

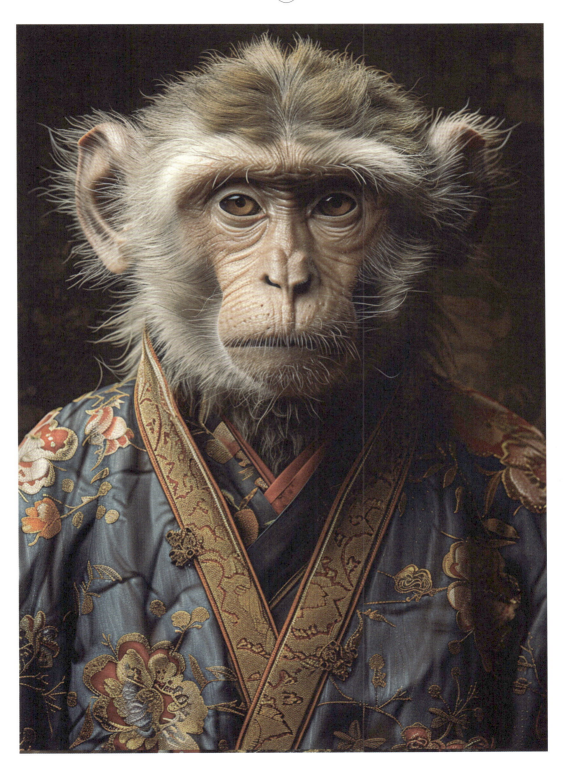

Rooster

鸡

公鸡打鸣报晓，象征着新一天的开始。在古代，鸡被视为吉祥之物，能驱邪避灾。鸡的形象也常出现在民间艺术中，寓意着吉祥如意。属鸡的人往往被认为勤劳守信，有责任心。

鸡声茅店月，人迹板桥霜。
——温庭筠《商山早行》

狗

Dog

狗是人类忠实的伙伴和朋友，能看家护院，保护主人。"狗不嫌家贫"体现了狗的忠诚品质。在许多文化中，狗被视为吉祥的动物，能带来好运和平安。属狗的人通常被认为忠诚正直、善良友好，富有正义感。

柴门闻犬吠，风雪夜归人。
——刘长卿《逢雪宿芙蓉山主人》

国风·华笺

猪

猪是财富和丰收的象征，因为其肥胖的身躯代表着生活的富足。在民间传说中，猪常与财富和好运相关联。属猪的人一般被认为朴实善良、乐观豁达、福气满满。

小弟闻姊来，磨刀霍霍向猪羊。

——《木兰诗》

猪
Pig

Mouse

鼠，在十二生肖中居于首位，对应地支中的"子"，因此被称为"子鼠"。老鼠身材小巧、行动敏捷，常在夜间活动。老鼠往往因偷吃东西和传播疾病而不被人喜欢，比如民间就有"老鼠过街，人人喊打"的谚语。在民间传说的十二生肖故事中，老鼠借助牛取胜，争得十二生肖第一名，凸显出其聪明狡猾的特点。但实际上老鼠也有可爱勇敢的一面，在我们熟悉的"小老鼠，上灯台，偷油吃，下不来"的童谣中，老鼠显然是滑稽可爱的形象。

为什么老鼠会被选为十二生肖之首？除了我们熟知的玉帝让动物们赛跑决名次的故事之外，在传说之中还有"鼠咬天开"之功，它在子夜咬破混沌为天地间带来了光明。这就是古人所说的："天开于子，地辟于丑，人生于寅。"天、地、人对应子、丑、寅，既是人们对自身起源的想象，也是文明诞生的必要条件，所以子鼠就理所当然是第一名了。

老鼠狡黠灵巧，喜爱聚敛粮食，繁殖能力也特别强，人们对它既怕又爱。它是矿工在矿井中的好朋友，能够对矿井中不好的情况及时做出反应，帮助人们逃生。它的繁殖能力也令人惊叹，因此人们会用老鼠和葡萄入画，寓意多子多福。在民间，各地有"老鼠娶亲"或"老鼠嫁女"的祀鼠习俗，人们会在老鼠嫁女日的前夕炒芝麻糖作为喜糖，并敲响锅盖为老鼠催妆助兴。人们在老鼠嫁女日的当天不能喧哗，夜晚不能点灯，以免影响老鼠娶亲，还要在老鼠出没的地方放上一些糕点供它们享用。

牛，在十二生肖中居第二位，对应地支中的"丑"，因此被称为"丑牛"。牛白日勤勉耕地，一生忠厚老实。俗话说："一头牛，半个家。"牛为六畜之一，它为人们的生产生活提供了极大的帮助，是农耕生活中一个醒目的文化符号。牛勤勉踏实、温顺坚韧、任劳任怨的性格历来为人所称道，人们也以"老黄牛精神"来激励自己在工作中努力奋斗。

在民间传说的十二生肖故事中，牛凭借自己敢闯敢干的勇气在十二生肖的竞赛中名列前茅。善良的它答应了老鼠想搭顺风车的请求，但是在快到达终点时老鼠却抢走了它的第一名，所以它只能排在老鼠后面。另外在开天辟地的传说中，丑牛完成了继开天之后的一件大事——辟地，即"万事万物起于牵牛，牵牛，丑也"。牛耕地垦田、拉犁劳作，将土地与人民温饱密切相连，为农业发展做出了巨大的贡献。

牛在农耕社会中是重要的生产力，有"黄毛菩萨"的雅号，人们轻易不宰杀耕牛，它是家里的一分子。在古代祭祀时，牛是最尊贵的祭品，天子祭祀社稷和天地时才会用到牛。人们爱牛、敬牛，所以在民间流传着许多与牛相关的风俗。其中"鞭春牛"是起源较早并广为流行的一种风俗，它是一种古老的春耕礼。在立春这天，地方官员要带领民众举行送寒迎春的仪式，每人轮流用鞭子击打土牛三次，这就叫作"鞭春"。最终要把土牛打碎，人人争抢春牛土撒进自家田里以求丰收，这叫作"抢春"，如果谁抢到牛头土就会大吉大利。

虎，在十二生肖中居第三位，对应地支中的"寅"，因此被称为"寅虎"。老虎为百兽之王，它凶猛可怖、威风凛凛，常在林中捕猎。古人非常惧怕老虎，因为老虎体形巨大，时常下山吃家畜，甚至伤人，所以人们将老虎也称为"黄猛""大虫"等。但是人们也非常喜爱老虎，它黄色的皮毛上有黑色的花纹，额头还有一个"王"字，颇有王者风范。

在民间传说的十二生肖故事中，老虎本来不在十二生肖之列。但是老虎努力学习技艺，最终打败了狮子、熊和马这三个当时最厉害的动物，当上了百兽之王，负责镇管山林。它雄踞山林，啸而生风，令人敬畏，因此被选入十二生肖之中。

老虎勇猛高贵、辟邪祛恶，它的形象在古代曾被刻在专供贵族使用的青铜器上，后来逐渐成为权力的象征，比如用来调兵遣将的虎符就是老虎的形状。在传统民俗中，老虎被视为可以驱除鬼怪的角色，因此有除夕时在门上画虎辟邪的风俗流传下来。年画中不仅有猛虎下山，而且有神虎镇宅，"虎"与"福"发音相近，因此也有送福之意。端午节时，人们会在小孩子的额头用雄黄酒画虎脸，还会用艾草编成小老虎佩戴在身上，以求远离五毒，祈求安康。人们平时也会给小孩子送布老虎、虎头帽、虎头鞋等，祝孩子长得健康、雄壮、勇猛。

兔

　　兔，在十二生肖中居第四位，对应地支中的"卯"，因此被称为"卯兔"。兔子温顺可爱、机智敏捷，且干净整洁，深受人们喜爱。长长的耳朵、小巧的三瓣嘴和红红的眼睛是兔子的主要特征，它喜欢在清晨和傍晚进食一些蔬菜。由于它善于奔跑，古时人们常常以兔代称马，如"白兔""赤兔""飞兔"等，以展示马的奔速和风采。

　　在民间传说的十二生肖故事中，兔子对自己的奔跑速度极为自信，但是因为过于粗心大意，它在十二生肖竞赛中输给了勤奋努力的牛。除此之外，它又惧怕老虎，不敢与老虎争锋，所以才排第四位。在"嫦娥奔月"的神话故事中，嫦娥怀抱一只兔子登月成仙，于是后来人们将玉兔视为月宫的精灵，在诗词中用玉兔来象征月亮。这反映了人们对月亮的美好想象，还有对兔的无尽喜爱。

　　传说玉兔每天在月宫捣药，于是中秋节人们也会祭拜玉兔。北京、天津和山东一带有兔儿爷的泥塑工艺品。兔儿爷最初是兔首人身、手拿玉杵的形象，后来逐渐演变为身穿盔甲、背着旗子的武将形象，代表着人们消病驱灾的美好愿望。人们认为兔子可爱聪明，又多子多福、祛病益寿，因此也多用"玉兔捣药"入年画。

龙，在十二生肖中居第五位，对应地支中的"辰"，因此被称为"辰龙"。龙是十二生肖中唯一一个虚拟的动物，它存在于人们的想象之中，对中国人来说有着特殊的意义。龙的形象是复合叠加的产物，承载着多种文化信息。古人这样描绘龙："其形有九似，角似鹿、头似驼、眼似兔、项似蛇、腹似蜃、鳞似鱼、爪似鹰、掌似虎、耳似牛。"学者闻一多认为龙是一个混合图腾，原始部落的兼并造就了龙图腾，所以我们常自称"龙的传人"。

在民间传说的十二生肖故事中，龙本来没有角，而公鸡有角，它向公鸡借了角之后没有送还，所以公鸡每天都大声地喊龙把角还给它。

龙在人们的民俗生活中非常重要，人们认为龙有掌管雨水之责，因此有祭龙祈雨的风俗，比如民间会堆土龙、晒龙，来祈求风调雨顺。每年的农历二月初二是中国传统的"龙抬头"的日子，蛰伏了一冬的龙会在这天抬头布雨，人们会在这天点燃蜡烛驱除蝎子、蜈蚣等毒虫，并吃龙须面、龙鳞烙饼、龙耳饼子等寓意吉祥的食物。农历二月正是农事之始，人们祈求雨水增多，利于万物生长，这也是农耕时代人们的美好希冀。

欧域·雅韵

龙

蛇，在十二生肖中居第六位，对应地支中的"巳"，因此被称为"巳蛇"。蛇是爬行动物，行动敏捷，总给人以阴冷、恐怖的感觉，所以人们一般不说自己属蛇，而是说属"小龙"。龙和蛇的关系非常奇妙，在中国古代有龙蛇互化之说："龙或时似蛇，蛇或时似龙。"世界上本没有龙，所以古人有时会以蛇为龙。

人们一直很崇拜蛇。在中国神话传说中，人类始祖女娲和伏羲都是人首蛇身的形象，传说古时候有不少氏族和部落都认为蛇是自己的祖先。

蛇具有蜕皮的生理现象，每次蜕皮都像重获新生，并且蛇的繁殖能力很强，所以蛇被认为是青春、财富、多子的象征。江苏一带将蛇区分为家蛇和野蛇，家蛇无毒且常生活于住宅之内，人们认为家蛇可以保护财物、招财进宝。还有一些地区的人们认为，每年的重阳节是蛇的生日，家家户户会用米粉做成蛇状的糕点，并在周围放很多米粉做成的"蛇蛋"，寓意多子多孙。

Horse 马

　　马，在十二生肖中居第七位，对应地支中的"午"，因此被称为"午马"。马健壮优美、矫健擅跑，可以帮助人们耕田、拉车、征战，是古代传统农业生活中不可或缺的助力。它聪明勇敢、忠诚可靠，行走时悠然自得，奔跑时四蹄生风，历来为人所喜爱。古人常以"千里马"来比喻出类拔萃的人才，将昂扬向上、自强不息的进取精神称为"龙马精神"。

　　《山海经》中记载有"人面马身"和"马身龙首"的远古神祇形象，除此之外，我国还流传有龙马河图的古老传说。马在古代被奉为神灵，不可轻易宰杀。马神被视为从军作战的保护神和人民生活的庇佑神，自周代就有春日祭祀马神的习俗。旧时我国多地建有马神庙，里面供奉有马王爷像，像旁有神马，正是为了祭祀马神。

欧域·雅韵

马

羊，在十二生肖中居第八位，对应地支中的"未"，因此被称为"未羊"。羊温顺、善良，除了头上的角之外不具备什么攻击力，对人类构不成威胁，所以成为人类最早驯服的动物之一。羊只吃青草，但是它的奶、肉、毛和皮都可以供人类吃和用，它与人类的关系尤为密切。

民间有"神羊盗谷"的传说，神羊从天上为人类偷来了谷物的种子，地上的人才能种植粮食吃饱饭。人们感谢羊做出的贡献，所以推选羊做了十二生肖。

羊通体洁白、善良和顺，被当作重要的祭品之一，代表着人们安居乐业的美好祈愿。在古代，"羊"与"祥"通假，羊被赋予美、祥、仁、义、礼等多重寓意，有"三阳（羊）开泰""五羊送吉"的吉语。还有一些地方，旧时有"送羊"的习俗，每年农历六月或七月，舅舅会给外甥送羊。最初送活羊，后来改送羊羔形状的面食，取"羊羔跪乳"之意，教育外甥要孝敬双亲。

猴 Monkey

    猴，在十二生肖中居第九位，对应地支中的"申"，因此被称为"申猴"。猴子属于灵长类动物，它机智灵敏、活泼可爱，具有很强的模仿能力和协作能力。按照达尔文的进化论，人是由猿进化而来的。猴子像人、近人，在我国古代有猴子变人的神话传说，四川简阳一块汉画像石上的伏羲和女娲都呈猴脸之状。当然这种说法并不是科学意义上由猿到人的进化，但反映出古人对猴的一定想象。

    在民间传说的十二生肖故事中，猴子曾救过老虎，老虎便帮助它选上了十二生肖。这符合人们对"山中无老虎，猴子称大王"的想象，聪敏狡猾的猴子可以媲美山中之王。

    猴子虽然不是六畜之一，但是与人们的生活密切相关。自先秦时期就已有人养猴、耍猴，后来逐渐出现猴戏。因为猴子生性好动、聪明伶俐，华佗在创编五禽戏时也借鉴了猴子的姿态，帮助人们强身健体。"猴"谐音"侯"，寓意官运亨通、拜相封侯。民间工艺品中的"马上猴"（马上封侯）和"背背猴"（辈辈封侯）都有封侯之意，表达了人们对功名利禄的追求，以及期盼子孙富贵吉祥的美好愿望。

Rooster

鸡，在十二生肖中居第十位，对应地支中的"酉"，因此被称为"酉鸡"。鸡有长喙尖嘴，头上有冠，外表华美靓丽，是人们非常喜爱的家禽之一。在计时器没有发明之前，鸡承担着重要的报时任务，它每天清晨啼鸣，提醒着人们起床工作。古人认为鸡有五德："头戴冠者，文也；足傅距者，武也；敌在前敢斗者，勇也；见食相呼者，仁也；守夜不失时者，信也。"鸡兼备文、武、勇、仁、信这五种美德，被古人称为"德禽"。

鸡是十二生肖中唯一的飞禽。传说玉帝在遴选十二生肖时只要走兽不要飞禽，但是鸡为人类晨起报晓的功劳不小，所以玉帝摘下红花戴在鸡的头上以示嘉奖，并允许鸡去参加十二生肖的竞选。

公鸡的羽毛色彩鲜艳，独立时气宇轩昂，晨起啼鸣为人们呼唤光明，人们认为鸡可以辟邪送吉。有一些地区在谷雨前后会贴"鸡王镇宅图"的年画，认为鸡可以辟毒祈福。另外"鸡"谐音"吉"，画鸡于石上，意为"室上大吉"；将鸡与鸡冠花合为一图，意为"官上加官"，寓意仕途通达、连连高升；鸡与荔枝合绘寓意着"吉利万千"……

狗，在十二生肖中居第十一位，对应地支中的"戌"，因此被称为"戌狗"。狗忠心耿耿、尽职尽责、机智勇敢，是人类忠诚的伙伴。狗可以帮助人们驱赶野兽、保护畜群、看守家园、传递信息，在人们心中具有忠、义、勇、猛、勤、善、美、劳这八种美德。

在民间传说的十二生肖故事中，狗正直诚实，从不夸耀功劳，而猫巧用谎言夸大自己的贡献，所以狗在当上属相之后见猫就追。狗奔跑快如风，《山海经》中有人首犬身的兽，"其行如风，见则天下大风"，所以古人认为狗为风神。

俗话说："猫来穷，狗来富。"人们将狗视为吉利的动物，认为狗来到家里预示着吉祥富贵。一些少数民族视神犬盘瓠为祖先，有禁止打狗、骂狗、吃狗肉的习俗。

猪，在十二生肖中居第十二位，对应地支中的"亥"，因此被称为"亥猪"。猪肥头大耳、膘肥体壮，是重要的家畜。"家"字由一个宝盖头和一个"豕"字组成，意味着房屋和猪，可见猪是财产的标志。由于黑猪比较常见，猪又被古人称为"乌喙将军""黑面郎""乌金""乌鬼"。

在民间传说的十二生肖故事中，猪自荐为十二生肖竞赛的公证人，它在其他生肖争斗之际将自己的名字写在第一位，这样以权谋私的行为遭到动物们的抵制，所以玉帝就将猪的名字放到末位。

民间认为，猪拱金耙银，象征着财富和好运。在河北一带，春节有贴"肥猪拱门"窗花的习俗，寓意着喜事临门、招财进宝。除此之外，猪一直是贵重的祭品，人们会在过年时宰杀年猪祭祀灶神，祈求新的一年吉祥如意、五谷丰登、六畜兴旺。陕西一带还有送猪蹄的婚姻习俗，男方要分两次送猪前蹄和猪后蹄给女方，女方会收下其他礼物再将猪蹄送还给男方，俗称"蹄蹄来，蹄蹄去"，意味着两家人来往密切。

摩登

绘影

MOUSE

鼠

  鼠，哺乳动物，种类繁多。其体形通常较小，适应力极强。鼠的牙齿锋利，不断生长，故需不断啃咬以磨牙，这也是其破坏家具和建筑物的原因之一。例如，家鼠常出没于人类居住的环境，啃咬电线、书籍等，给人们带来困扰。鼠的视力不佳，但嗅觉和听觉极为灵敏，能敏锐感知周围环境变化。它们的繁殖能力惊人，母鼠孕期短，产崽数量多，这使得鼠类在各种环境中都能迅速繁衍。在野外，田鼠凭借其灵敏的感官，能迅速躲避天敌，寻找食物。

摩登·绘影

牛，属草食性反刍动物。其体形庞大，力量强大。牛有四个胃室，反刍是其独特的消化方式，有助于充分消化草料。比如，黄牛在劳作后休息时，会反复咀嚼胃中反回的食物。牛的角形态各异，有的尖锐，有的弯曲，可用于防御和争斗。水牛因长期在水田中耕作，蹄子宽大，适应在泥泞中行走。奶牛则以产奶量高而闻名，能够为人类提供丰富的营养。牛的性情通常是温顺的，但在保护幼崽或受到威胁时，也会展现出强大的力量。

虎，大型猫科动物，毛色华丽，条纹独特。虎的肌肉发达，爆发力强，奔跑速度极快，能瞬间扑向猎物。其爪子锋利且可伸缩，利于捕食和攀爬。虎的犬齿粗壮，咬合力惊人，可轻易咬断猎物的喉咙。在丛林中，老虎会借助草丛的掩护悄悄接近猎物，然后猛然出击。虎的眼睛在夜间能反射光线，在黑暗中也能清晰视物。然而，由于人类活动和环境破坏，野生虎的数量急剧减少，已成为濒危物种。

虎

TIGER

摩登·绘影

㉚ 虎

RABBIT

兔，食草动物，四肢短小但敏捷。兔的耳朵长而灵敏，能转动以收集周围声音，提前察觉危险。它们的眼睛位于头部两侧，视野广阔。兔的牙齿适合啃食青草和根茎，且不断生长。野兔在草原上，可以凭借敏锐的听觉和广阔的视野，迅速逃离天敌的追捕。兔的繁殖能力较强，母兔孕期短，产崽数较多。白兔因其温顺可爱的形象，常被人们作为宠物饲养。

兔

龙

　　龙，传说中的神秘生物，虽在现实中不存在，但在中国传统文化中具有重要象征意义。传说龙能呼风唤雨、腾云驾雾，拥有强大的力量和神秘的能力。龙的形象融合了多种动物的特征，如鹿角、蛇身、鹰爪等，象征着威严、力量和吉祥。

CHINESE

摩登·绘影

龙

DRAGON

蛇

SNAKE

　　蛇，爬行动物，身体细长，无四肢。蛇的皮肤光滑，多具鳞片，能减少摩擦，便于爬行。其视力不佳，但舌头能感知周围的气味分子，可帮助其追踪猎物和识别环境。蛇的种类繁多，大致分为有毒蛇和无毒蛇两种。眼镜蛇能通过颈部膨胀、发出"咝咝"声来警告敌人；蟒蛇则依靠强大的缠绕力量捕杀猎物。蛇是变温动物，冬季会冬眠以保存能量。

马

HORSE

马，四肢强健，善于奔跑。马的蹄子坚硬，能适应长途跋涉。其眼睛大而明亮，视野开阔。马的毛发多样，有纯色和杂色之分。赛马凭借其出色的速度和耐力，在赛场上一展风采；草原上的野马能迅速感知危险并逃离。马的记忆力良好，能识途认主。在古代，马是重要的交通工具和战争伙伴。

羊，性情温顺的反刍动物。羊毛柔软且保暖，有多种颜色。羊的蹄子非常适应山地和草原地形。绵羊的羊毛常用于纺织，为人们提供温暖的衣物；山羊善于攀爬陡峭山坡，觅食草木。羊的瞳孔为横向长方形，其视野范围极广，能及时发现潜在威胁。它们通常以群体形式活动，有明确的等级制度。

SHEEP

猴

MONKEY

猴，灵长类动物，动作敏捷，善于攀爬跳跃。猴的手和脚具有抓握能力，尾巴可协助保持平衡。其大脑发达，具有较高的智力和学习能力。例如，猕猴能巧妙地使用工具获取食物。猴子的面部表情丰富，善于通过声音和动作进行交流。它们群居生活，有复杂的社会结构和行为模式。

鸡

鸡，家禽之一，品种多样。鸡的翅膀虽不善于长距离飞行，但能短距离滑翔。其爪子锋利，便于刨土觅食。鸡冠和羽毛颜色各异，具有观赏性。母鸡通过咯咯叫的方式与小鸡交流，保护幼崽。公鸡打鸣是其标志性特征。鸡的消化系统特殊，能消化谷物、昆虫等多种食物。

ROOSTER

DOG

狗

狗，人类忠实的伙伴，种类多样。狗的嗅觉极其灵敏，远超人类，常被用于搜救、缉毒等工作。例如，警犬能凭借敏锐的嗅觉追踪罪犯。狗的牙齿尖锐，适合咬嚼食物。其听力敏锐，能听到高频声音。狗的尾部动作能表达情绪，高兴时会欢快摇动。不同品种的狗在体形、性格和用途上有所差异，如牧羊犬善于驱赶羊群，导盲犬能为盲人引路。

狗

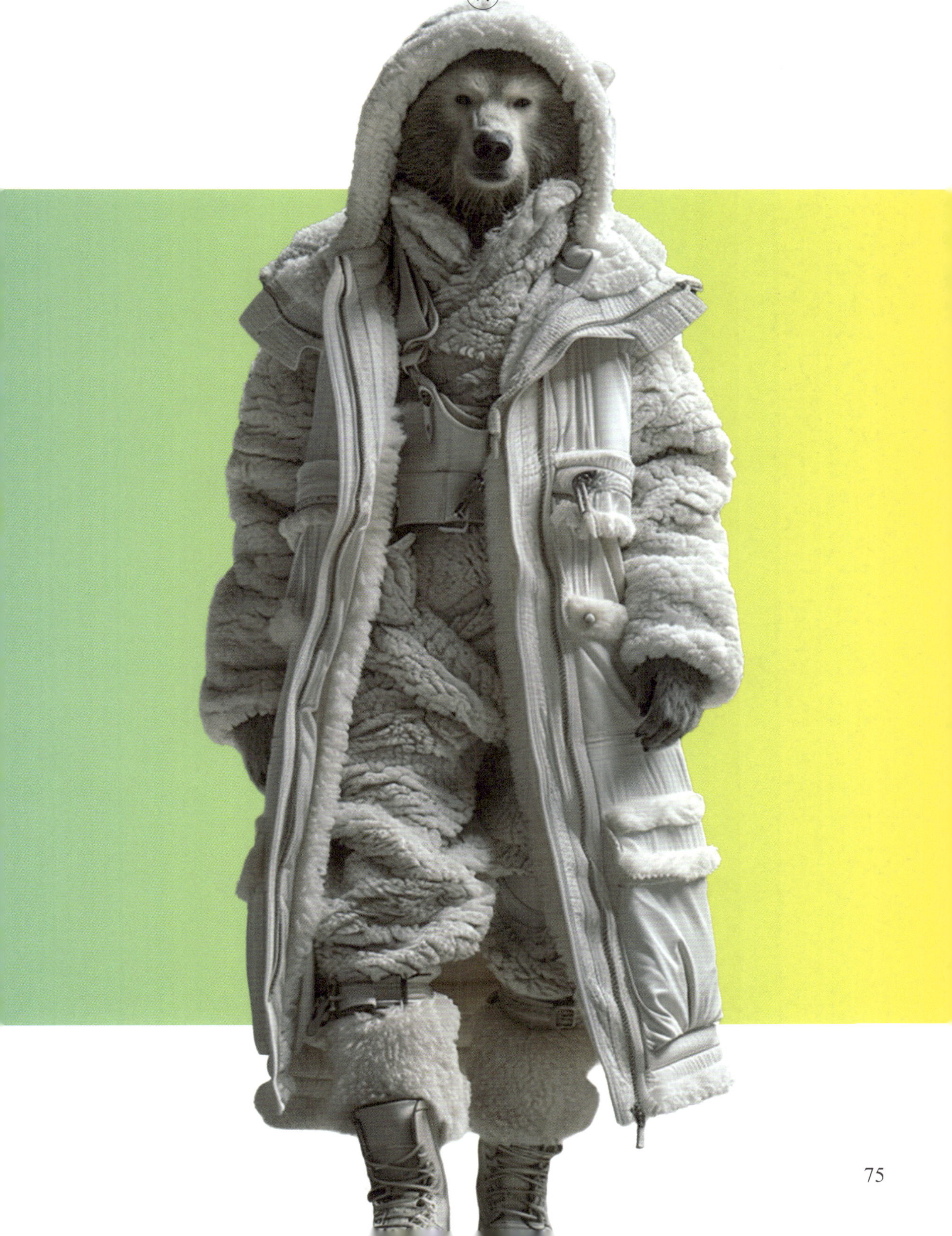

猪

猪

PIG

　　猪，杂食性动物，身体肥胖。猪的鼻子突出且坚韧，能拱土觅食。其皮肤厚实，体毛稀疏。猪的繁殖能力较强，产崽数量较多。野猪具有较强的攻击性，獠牙是其自卫的武器。猪的脂肪层厚，能在寒冷环境中保持体温。

萌宝

欢趣

鼠咬天开

传说原来天地之间是没有亮光的，宇宙未成，一片混沌。后来，一只老鼠在夜半子时登高望见了日月的影子，它好奇地咬破了混沌，于是天地之间有了缝隙，开始有光线照射进来。老鼠用爪子将这个缝隙撕开，从此天地分开，昼夜分明，万物得以生长。

Mouse

牛神受罚

据说天地初分之时，牛是天上管草籽的神。有一天，牛神来到仓库收拾草籽的时候不小心碰撒了一筐，筐里的草籽纷纷散落到人间。结果，人间的田里杂草丛生，粮食歉收，饿死了很多老百姓。

玉皇大帝大发雷霆，就把牛神贬到人间去专为人们耕田、拉车，还罚牛神不能吃肉，每天要吃两担草，以戴罪立功。牛神下凡时脑袋先着地，把门牙给磕没了，所以到现在牛也没有上牙。牛神心想：再怎么吃一天也吃不了两担草呀！但完不成任务又怕玉帝再罚它。

太白金星就给它想了个办法："你白天先把草吞下去，到了晚上再吐出来咀嚼。"牛神别无他法，只好照办，所以直到现在牛吃草还要反刍。

cattle

老虎为王

　　传说很久很久以前，飞禽走兽无人镇管，胡作非为，土地神请玉皇大帝派天神镇住百兽。玉帝派殿前护卫老虎下凡，答应老虎每胜一次便记一功。老虎下凡后向当时最厉害的狮子、熊和马挑战，在老虎击败它们之后，其他恶兽也闻风而逃。玉帝因老虎连胜三场，便在它的前额刻下三条横线。后来，人间又受到东海龟怪的骚扰，虾兵蟹将作恶人间，老虎咬死龟怪，又立一功。玉帝便在老虎额头又添一竖，于是一个醒目的"王"字出现在老虎前额。从此老虎成为百兽之王，管理百兽。

玉兔捣药

传说曾经有三位神仙下凡，他们化身为三个可怜的老人，向狐狸、猴子和兔子乞食。狐狸和猴子都拿出了食物接济老人，只有兔子没有拿出食物。兔子告诉老人："你们吃我吧。"随即跳进了烈火中。神仙们大为感动，于是将兔子点化成仙。它被送到广寒宫成了玉兔，后来与嫦娥相伴并捣制长生不老药。

Rabbit

Chinese

画龙点睛

Dragon

相传有一年，梁武帝传召张僧繇为金陵的安乐寺作画。张僧繇仅用了三天时间就在寺庙的墙壁上画了四条栩栩如生、惟妙惟肖的金龙，吸引了许多人去观看。

可是当观看的人凑近去看时，却发现四条金龙都没有画上眼睛，于是众人纷纷请求张僧繇给龙点上眼睛。张僧繇拒绝道："给龙点上眼睛不难，但是如果点上眼睛，这些龙就会破壁飞走。"人们都不相信，画在墙壁上的龙怎么可能变成活的呢？

只见张僧繇提笔轻轻地给两条龙点上眼睛，忽然天空中乌云密布、电闪雷鸣，被点上眼睛的两条龙破壁腾空而起，张牙舞爪地飞向天空。只见寺庙的墙壁上，只剩两条还未点睛的龙。

灵蛇报恩

传说隋县溠河旁有座断蛇丘，有一天隋侯在这里遇到一条被砍伤的大蛇，这条蛇身体已经断成两半，神情十分悲伤。隋侯怀疑这条蛇有灵性，就派人用药敷在蛇身上，并将连接处包扎好，蛇就能爬行了。过了一年多，蛇衔着明珠来报答隋侯。这明珠直径超过一寸，在夜晚能发光，就像月光一样可以照亮整个房间。所以这颗明珠被称为"隋侯珠"或者"灵蛇珠"。

天马赎罪

　　传说古时马有双翅，上天能飞，下地会跑，入水能游，它凭着自己的能力深受玉帝宠爱，做了殿前的御马。马因此渐渐骄横，时常胡作非为。一日，它闯入龙宫，踢死了前来阻拦的神龟。玉帝大怒，下令削去马的双翅，并将马压在昆仑山下，三百年不许翻身。

　　两百多年后，人类始祖要从山前经过，马得到天宫神仙指点，知道了自己出山的办法。当人类始祖经过时，马大声呼救，人类始祖心生同情，依马所言，砍去山顶上的桃树。随着"轰隆"一声巨响，天马一跃而出。天马为了答谢人类始祖的恩情，同他来到了人间，终生为其效劳。

Horse

羊

神羊盗谷

  相传在上古初期，神农氏执掌洪荒大地，轩辕氏执掌人间。此时人间没有谷粮，人类依靠吃野草为生。一年秋天，一只神羊从天宫偶入凡间，发现人类果腹艰难。神羊怜悯人类，所以偷偷到天宫的御田里摘下了五谷，送到凡间，并且教会了人们种植方法。

  从此，人间有了五谷种子，人类开始了世代耕作、衣食自给的生活。秋季丰收之后，人们举行了盛大的仪式以感谢神羊的送谷之恩。天宫发现人间出现了五谷，查明是神羊把谷种带给人间的，于是玉帝命令天宫宰羊于人间，并要人们吃掉羊肉。很快神奇的事情发生了，在神羊行刑的地方，先是长出了青草，后来出现了羊羔。羊从此在人间传宗接代，以食草为生，把自己的肉、奶无私地贡献给人类。人类感念神羊的贡献，自此每年都举行祭奠仪式，以示纪念。

Sheep

猴子捞月

　　相传从前有五百只猕猴，它们在林中游走，到了大树下，发现树下有口井，井中有月影映现。这时猕猴的首领见到月影，对众猴说："月亮今日要淹死了，月亮落在井中，我们应当一同捞出它，不要让世间的长夜变得黑暗。"大家一起议论道："有什么办法能捞出它来？"这时猕猴首领说："我知道捞出它的法子。我抓住树枝，你们抓住我的尾巴，一个个连接起来就可以捞出它。"于是众猕猴就按照首领的话，一个接一个连成一长串。结果树枝脆弱承受不了它们的重量，一下子折断了，所有的猕猴都跌落井中。

Monkey

萌宝·欢趣

猴

鸡王镇宅

　　传说尧帝在位时，政通人和，风俗淳厚，但常有恶虎下山，妖魅出林，肆虐为害，百姓视为祸患。后来有人献上一种"重明鸟"，别称"双睛"，外形和普通的公鸡一样，但啼叫时声如凤鸣，并以琼膏为食。最奇特处在于它疾恶如仇，能奋翮翻飞，激喙扬爪，专门追逐猛兽妖魅，使它们不敢造孽。于是百姓都洒扫门户，期望重明鸟飞到自家来镇邪辟恶，并画出它的模样张贴在屋里，这就是流传至今的"鸡王镇宅"年画。

Rooster

天狗食日月

　　传说古时候，有一位名叫目连的公子。他生性好佛，为人善良，十分孝顺母亲。但是目连的母亲生性暴戾，无恶不作，所以死后被玉帝打入地狱变成一只恶狗，永世不得超生。

　　目连为救母亲，用锡杖打开了地狱大门。目连之母变成的恶狗，在逃出地狱之后去找玉帝算账。它在天上找不到玉帝，就想将太阳和月亮吞吃了，让天地归于一片黑暗。这只恶狗没日没夜地追呀追，它追到月亮，就将月亮一口吞下去；追到太阳，也将太阳一口吞下去。此时人间有人敲锣打鼓，燃放爆竹，吓得恶狗将吞下的太阳、月亮吐了出来。太阳、月亮获救后，重新运行。恶狗不甘心又继续追赶，这样一次又一次就形成了天上的日食和月食。

Dog

萌宝·欢趣

狗

猪母娘岩

　　传说猪八戒跟唐僧去西天取经回来，看到太平岩临江高耸，山上松茂竹翠，幽静迷人，便走到岭上一屁股坐下，欣赏起那里的风光来。忽然，一阵清风吹来，凉凉爽爽的，猪八戒嘴里只叫"畅快，畅快！"这风是从身边岩壁下的洞中吹出来的。洞下流着清泉水，洞顶上云烟缭绕，比孙悟空住的水帘洞还好呢！他高兴极了，安心地在这里过了一辈子，日久天长，变成岩石，大家就叫它猪母娘岩。

　　一天，一个农夫进太平岩胡公殿烧完香，觉得口渴，就去猪母娘岩旁喝清泉。他双手扳着猪母娘岩，手上沾了一些岩粉，回家洗手，洗手的水让猪喝了，想不到那猪很快就长到三四百斤重。

　　这件怪事很快传遍了邻近各村，养猪的人都争着去刮岩粉，猪喝了之后真的都长得非常肥壮。后来，这一带村庄里流传着这样一首歌谣："太平猪母娘，不吃凡人粮，不食凡人糠，不喝凡人汤，宁受千刀剐，只为猪养壮。"

贺岁

瑞集

子鼠

（23 时至次日 1 时）

子时是一天中最黑暗的时刻，也是新一天的开始。在这个时段，大多数人都已进入梦乡，周围环境安静。老鼠体形小巧，动作灵活敏捷，且警惕性高，善于在夜间活动觅食。它们能够利用黑夜的掩护，穿梭于各种角落寻找食物，不易被发现。因此，古人将子时与老鼠联系起来，称为"子鼠"，象征着这个时辰是老鼠最为活跃的时间。

丑牛

（1 时至 3 时）

　　丑时夜深人静，人们都在沉睡之中。而牛作为农耕社会中重要的劳动力，经过白天的劳作，在夜间需要补充能量。为了保证牛在第二天有足够的体力继续干活，农家会在丑时起床，为牛添加草料，精心照料。这种夜间喂牛的习惯，使得丑时与牛产生了关联，称为"丑牛"，体现了人们对牛的重视和关怀。

寅虎

（3时至5时）

寅时天还未亮，此时是黎明前的至暗时刻。老虎是山林中的猛兽，具有强大的力量和敏捷的身手。在这个时候，老虎结束了一夜的休息，开始出来寻找猎物，展现出最为凶猛的一面。古人常常能够在这个时辰听到老虎的吼声，从而将寅时与老虎相对应，称作"寅虎"，凸显出老虎在此时的活跃和强大。

卯兔

（5时至7时）

　　卯时，太阳初升，天色渐亮，大地开始苏醒。兔子是一种喜欢在清晨活动的动物，它们会在这个时候离开洞穴，去享受带有晨露的鲜嫩青草。兔子的性情温和、动作敏捷，其出窝觅食的身影与清晨的宁静和生机相得益彰。所以古人将卯时与兔联系在一起，称为"卯兔"，寓意着新的一天充满了生机与活力。

辰龙

（7时至9时）

辰时，太阳已经升起，雾气逐渐消散。传说中，龙能兴云布雨、腾云驾雾，而此时的天气变化多端，常常有云雾缭绕的景象，仿佛龙在其中穿梭。同时，龙在中华文化中象征着吉祥、权威和力量，与充满希望和活力的早晨相呼应。因此，古人将这个时辰与龙联系在一起，称为"辰龙"，寄托了人们对美好一天的期待和向往。

巳 蛇

（9时至11时）

　　巳时阳光逐渐强烈，气温升高。蛇是一种变温动物，喜欢在温暖的环境中活动。此时，蛇会从洞穴中爬出，开始寻找食物或者晒太阳，以调节体温。蛇的行动隐秘、灵活，与巳时的氛围相契合。所以古人将巳时与蛇联系在一起，称为"巳蛇"，反映了蛇在这个时段的活跃。

午 马

（11 时至 13 时）

午时是一天中阳光最强烈的时候，也是阳气最盛的时段。在古代，野马尚未被人类驯服，它们自由自在地生活在草原上。每到午时，野马会感受到炎热的气温，变得兴奋起来，四处奔跑嘶鸣。这种充满活力和奔放的景象，使得午时与马产生了关联，被称为"午马"，展现了马的豪放与不羁。

未羊

（13 时至 15 时）

　　未时，午后的阳光依然炽热，是人们午休的时间。在一些地区，这个时候被称为"羊出坡"，意思是羊群会在这个时段被赶到山坡上吃草。羊性格温顺，吃草的场景给人一种宁静祥和的感觉。因此，古人将未时与羊联系在一起，称作"未羊"，体现了羊在这个时间段的生活习性和人们对羊群的管理。

申猴

（15 时至 17 时）

申时，太阳开始西斜，但天气仍然较为炎热。猴子活泼好动、聪明机灵，在这个时候它们精力充沛，喜欢在树林中嬉戏玩耍、啼叫打闹。古人观察到猴子在申时的活跃表现，将其与这个时辰相对应，称为"申猴"，展示了猴子的灵动和活泼。

酉鸡

（17 时至 19 时）

　　酉时，太阳即将落山，天色逐渐昏暗。鸡有归巢的习性，它们会在这个时候回到鸡窝。当夜幕降临，鸡能够凭借自身的生物钟感知到时间的变化，自觉地回到家中。古人根据鸡的这种规律，将酉时命名为"酉鸡"，反映了鸡的生活习性与时间的紧密联系。

戌狗

（19 时至 21 时）

戌时，夜晚来临，人们经过一天的劳作后开始休息。狗具有忠诚、警觉的特点，会在门口守护着家园，一有风吹草动就会发出叫声，以警示主人。狗的守护行为让人们在夜晚感到安心。所以，古人将戌时与狗联系起来，称为"戌狗"，体现了狗对守护家庭的重要性。

亥猪

（21 时至 23 时）

亥时，夜色已深，人们大多已经入睡。猪是一种贪吃贪睡的动物，在这个时候，它们会在猪圈里发出拱槽的声音，可能是在寻找食物或者调整自己的舒适位置。这种声音在安静的夜晚较为明显。因此，亥时被称为"亥猪"，描绘了猪在这个时辰的活动。

贺岁·瑞集

猪

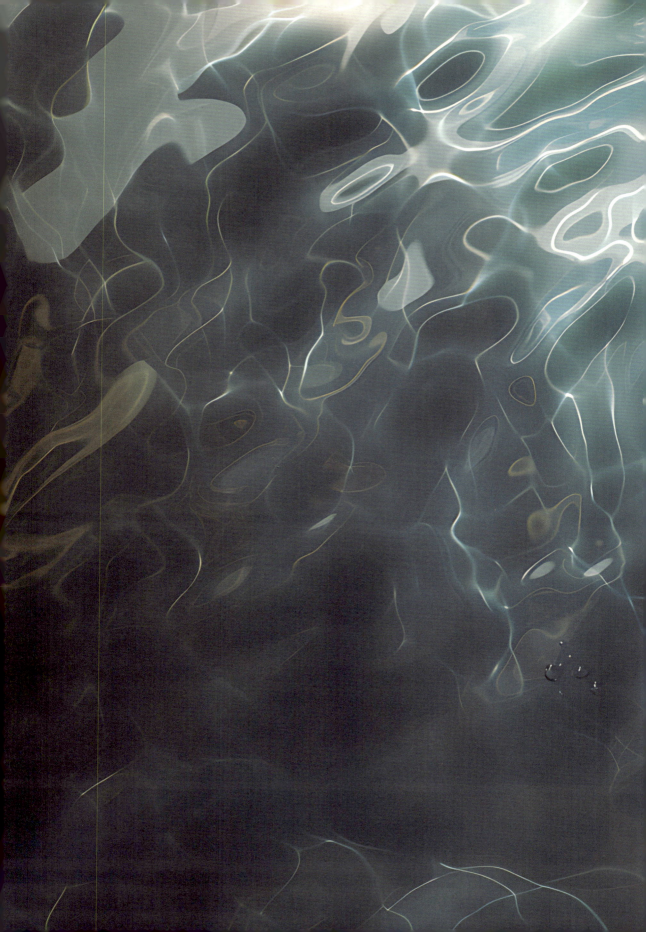

在这本 AI 画集中，我们为您展现了当前人工智能在绘画领域的探索与成果。然而，需要坦诚地告知大家，现阶段的 AI 绘画仍存在诸多不完美之处。AI 绘画技术尚处于不断发展和完善的进程中，可能会在某些细节、表现力或创意方面存在一定的局限性。但我们相信，正是这些不完美，为未来的进步提供了广阔的空间和无限的可能。希望您在欣赏这些作品时，能够以包容和理解的心态看待它们，给 AI 绘画成长的时间和机会。